...but I think
I Love Christmas
Most of All...

...but I think
I Love Christmas
Most of All...

...but I think
I Love Christmas
Most of All...

...but I think
I Love Christmas
Most of All...

...but I think
I Love Christmas
Most of All....

...but I think
I Love Christmas
Most of All...

...but I think
I Love Christmas
Most of All...

...but I think
I Love Christmas
Most of All...

...but I think
I Love Christmas
Most of All...

...but I think
I Love Christmas
Most of All....

...but I think
I Love Christmas
Most of All...

...but I think
I Love Christmas
Most of All...

...but I think
I Love Christmas
Most of All...

...but I think
I Love Christmas
Most of All...

...but I think
I Love Christmas
Most of All...

...but I think
I Love Christmas
Most of All...

...but I think
I Love Christmas
Most of All...

...but I think
I Love Christmas
Most of All...

...but I think
I Love Christmas
Most of All....

...but I think
I Love Christmas
Most of All...

...but I think
I Love Christmas
Most of All...

...but I think
I Love Christmas
Most of All...

...but I think
I Love Christmas
Most of All....

...but I think
I Love Christmas
Most of All...

...but I think
I Love Christmas
Most of All...

...but I think
I Love Christmas
Most of All...

...but I think
I Love Christmas
Most of All...

...but I think
I Love Christmas
Most of All...

...but I think
I Love Christmas
Most of All...

...but I think
I Love Christmas
Most of All...

...but I think
I Love Christmas
Most of All...

...but I think
I Love Christmas
Most of All....

...but I think
I Love Christmas
Most of All...

...but I think
I Love Christmas
Most of All...

...but I think
I Love Christmas
Most of All...

...but I think
I Love Christmas
Most of All....

...but I think
I Love Christmas
Most of All...

...but I think
I Love Christmas
Most of All...

...but I think
I Love Christmas
Most of All....

...but I think
I Love Christmas
Most of All...

...but I think
I Love Christmas
Most of All....

...but I think
I Love Christmas
Most of All...

...but I think
I Love Christmas
Most of All....

...but I think
I Love Christmas
Most of All...

...but I think
I Love Christmas
Most of All...

...but I think
I Love Christmas
Most of All...

...but I think
I Love Christmas
Most of All...

...but I think
I Love Christmas
Most of All...

...but I think
I Love Christmas
Most of All...

...but I think
I Love Christmas
Most of All...

...but I think
I Love Christmas
Most of All...

...but I think
I Love Christmas
Most of All...

...but I think
I Love Christmas
Most of All...

...but I think
I Love Christmas
Most of All...

...but I think
I Love Christmas
Most of All...

...but I think
I Love Christmas
Most of All...

...but I think
I Love Christmas
Most of All...

...but I think
I Love Christmas
Most of All...

...but I think
I Love Christmas
Most of All...

...but I think
I Love Christmas
Most of All....

www.ingramcontent.com/pod-product-compliance
Lightning Source LLC
LaVergne TN
LVHW060326080526
838202LV00053B/4429